☑ あなた自身を知るところから始めよう!

自分自身を知ることは将来、しごとを考える時に大切になるよ。
この冊子を読んだり職場体験に行くなどで、
福祉のしごとに触れる前(before)と後(after)で比べてみよう。
どう変わっているかな? 新しい発見につながるかもしれないね。

1 あなたの長所や強み、得意なものなどを書き出してみよう。

例)・明るく元気。・友達が悩んでいたりするとすぐに気づく。・何事もコツコツと取り組むことができる。

before	after

JN094429

次はしごとについて考えてみよう。あなたの気持ちにあてはまる数字を□に書いてみよう。
4:とても思う 3:やや思う 2:あまり思わない 1:思わない

2 将来就きたい仕事を選ぶ時に大切にしたいポイントは何ですか?

	before	after
・いろいろな人と関わることができる仕事であること	before	after
・同じ職場で長く働けること	before	after
・人の役に立つ仕事であること	before	after
・専門的な技術や知識が必要な仕事であること	before	after
・新しいものをつくっていける仕事であること	before	after
・好きなことや興味のあることに関連した仕事であること	before	after

3 「福祉」の仕事にはどんなイメージがありますか?

	before	after
・人の役に立つ、「ありがとう」と言われる仕事	before	after
・これからの社会に必要な仕事	before	after
・大変だけどやりがいがある仕事	before	after
・いろいろな人と関わることができる仕事	before	after
・人を支えるプロの仕事	before	after

4 「福祉」の仕事をする時に大切だと思うことは?

・周りの人とのコミュニケーションをとること	before	after
・相手の立場に立って、気持ちや考え方を理解すること	before	after
・目標や目的を持って行動すること	before	after
・専門的な技術や知識を身につけること	before	after
・自分の得意なことを積極的に活かすこと	before	after

体験先の福祉施設などにはどんな人がいるのかな?

みなさんが体験や見学に行く福祉施設などでは、さまざまな人の生活を支えています。また、一人ひとりがいきいきと暮らすためのお手伝いもしています。

この冊子に登場する6人の職員の方の声を聞く前に、福祉施設などはどんなところか、どんな人が過ごしているのか、見てみましょう。

特別養護老人ホーム

介護が必要な高齢者の方が生活する施設です。

一人ひとりに合わせて、食事や入浴、排せつなどの生活全般を支えます。日中は、体を動かしたり、季節のイベントを行ったり、みんなで楽しめる活動もします。

p.6〜p.9を見てね!

障害者支援施設

障害のある方が生活する施設です。知的障害や身体障害、精神障害など、さまざまな方が対象です。

一人ひとりに合わせて、食事や入浴、排せつなどの日常生活を支えます。日中を施設内で過ごす方には、楽しく生活できるような活動や作業などのプログラムも行います。

p.10〜p.13を見てね!

保育園

仕事をしている親の子どもなどを日中預かり、成長や発達をサポートします。

0歳から、小学校に入る前の6歳までの子どもたちが過ごしています。

p.14〜p.17を見てね!

体験に行く施設や、気になる施設について、
イメージがわいてきたかな?
次のページから、そこで働く6人の方の声や
職場での1日を見てみよう。

社会福祉協議会

子どもから大人まで、その地域に住む誰もが暮らしやすいまちづくりをめざして活動しています。
地域のみなさんが抱えている困りごとに対し、住民やいろいろな団体と協力して、解決に取り組み、地域全体がより良くなるようにします。住民のボランティア活動などもサポートします。

p.18～p.21を見てね!

高齢者デイサービス

自宅で生活する高齢者が日中の時間を過ごしています。いきいきとメリハリのある生活ができるように、健康チェックや入浴、食事、また、体操やレクリエーションなど、さまざまなサービスが用意されています。

p.22～p.25を見てね!

就労継続支援事業所

障害のある方が、自宅から通って仕事や作業をする場所です。お菓子づくりや手芸、農作業など、さまざまな作業をその方に合わせて行っています。作業によって、給料を得たり、できることが増えたり、生きがいを持った生活を送ることにつながります。

p.26～p.29を見てね!

スペシャル
インタビュー

福祉の仕事で活躍する方の
声を聞かせてください

特別養護老人ホームの生活相談員

杉田 紀和子です。
社会福祉法人康和会
特別養護老人ホーム
久我山園に勤務して
14年になります。

Q1 どのような仕事をしていますか。

A 私は介護が必要な高齢者が入所する、特別養護老人ホームの「生活相談員」です。利用者とご家族からの相談を受け、入所中の生活でどのような介護をしていくか、その方のことを考え、計画を立てたり、関係機関との調整といった、入所前から退所後まで携わることができる仕事をしています。今は育児休業明けで、介護の業務をメインに行っています。

Q2 この仕事に就こうと思ったきっかけを教えてください。

A 私は幼稚園の頃から、将来は保育士になりたいと思っていました。中学校での職場体験は、保育園と特別養護老人ホームの両方の現場を体験しました。そこで「社会福祉」という言葉を知り、保育士の仕事はその一部だと知りました。
そして、社会福祉を学ぶため大学へ進学し「児童福祉」を勉強していましたが、何十年先には世の中に介護の必要な方が増えることを知り、今後も必要とされる仕事として「介護の仕事を考えてみようかな」と思ったことがきっかけです。介護も保育と同じで、人と関わり、誰かの役に立てる仕事です。

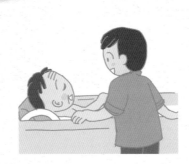

自然な会話の中で、一人ひとりの体調や変化、気持ちを聞き取り、具体的な対応につなげます。

Q3 仕事でやりがいを感じる時は?

A 利用者から「ここは楽しいところ」と言っていただけることです。ご本人からの言葉はもちろん、そのご家族からも「母の表情がすごく明るくなった」と言ってもらえるとうれしいです。
介護の現場では、利用者の笑顔が増えるなどの変化に直接ふれることができるので、それがやりがいにつながっています。

ちを敬いながら支えます。

Q4 大変なことや難しいと思うことはありますか?

A 体格の大きな男性をベッドから車椅子に乗せたり、車椅子からベッドへ移動する介助をすることです。1人では難しい時は2人で介助する時もあります。ですが、サポート用の機器も開発されているので、10年以上前と比べると身体への負担は減ったと思います。私が勤めている久我山園でも機器を導入しています。今後もさまざまな機器が開発され、介護の現場で導入・活用されていくと思います。

Q5 心に残ったエピソードを聞かせてください。

A 介護の仕事は、「感謝される仕事」「ありがとうを聞ける仕事」とよく言われ、それは間違いありません。しかし、「感謝」は強要でも、言ってもらうのが当たり前ではなくご本人のお気持ちです。人生の最期の時を迎えた方から「あなたには本当にお世話になりました。ありがとうございました」と言っていただいたことがあり、私はその時、「ありがとう」の言葉の重みを感じました。いまだに忘れられません。
自分自身を振り返って、私は中学生の頃、心を込めて「ありがとう」と言えていませんでした。みなさん、「ありがとう」という言葉を周りの方に言えていますか?

Q6 仕事をする上で大切にしていることはありますか?

A 利用者の方は人生の先輩であるということを絶対に忘れないということです。親しく接することがいけないということではありませんが、きちんとその方を敬った上で接することがとても大切だと思います。

Q7 中学生やこの冊子を読む方たちにメッセージをお願いします。

A 最近、周りの人に「将来の夢なんだった?」と聞いてみるのですが、「その夢を叶えるのって大変だよね」「叶えた人はそんなにいないね」という話になります。やはり自分の夢をしっかり持つことはとても大切だと感じます。
この仕事は、人が好きという方はとても向いていると思います。人が好き、人の役に立ちたい、と思う人はこの仕事にぜひ興味を持ってもらいたいと思います。

レクリエーションの時間には、利用者が積極的に体を動かし、楽しく安全に過ごせるよう気を配ります。

  みなさんのインタビュー動画は、こちらの特設サイトでも見られます。

教えて、先輩！

高齢者支援施設
杉田 紀和子さんの
職場での1日
（時短勤務の場合）

1day

TIME S

タイムカードを押して、今日の勤務は終わりです。
1日お疲れ様でした。

退勤 **16:00**

23
22
21
20
19
18 夜勤
17

Good
night

夜勤の職員への引き継ぎ事項など1日の報告をまとめます。

業務報告作成 **15:30〜**

16

午後は利用者とレクリエーションをして過ごします。ここでの会話も体調変化などに気づく重要な仕事です。おやつの時間にも介助をします。

レクリエーション
おやつ **14:00〜**

15

14

13

実際にしごとをしている先輩の話を聞くと、職場での1日が気になりますよね。
ある日の1日を覗かせてもらいました。

昼休み **12:45〜**

天気の良い日に屋上で食べるランチは気持ち良いです。

利用者の状態をしっかり確認し、効果的に
介護できるように、センサーやタブレットなど
のさまざまなICT機器の導入が進んでいます。
特に、日中よりも職員数が少ない夜勤帯は、
これらの機器が活躍します。

1

2

3

Zzzz

Zzzz

4

Good
morning

5

6

7

8

9

10

11

〜9:00　出勤

1日を支えるため、
日勤や夜勤の
職員が交代で
働いているんだね。

現在は育児休業
明けで、時短勤務を
しているため
9:00までに出勤します。

感染症対策のため、
出勤後すぐに
検温します。

9:00　朝礼

10:30〜　利用者の入浴介助

12:00〜　利用者の昼食介助

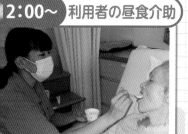

前日や夜間の利用者の
状態や今日の予定を
ほかの職員と共有し、
1日の仕事に活かします。

一人ひとりに合わせ
形態を工夫した食事を
口や飲みこみの状態にも
気を配って介助します。

ほかの職員と役割分担し
協力して介助をします。

スペシャル
インタビュー

福祉の仕事で活躍する方の
声を聞かせてください

しょうがいしゃしえんしせつ　せいかつしえんいん
障害者支援施設の生活支援員

長井 基樹です。
なが い　もと き
社会福祉法人
しゃかいふくしほうじん
啓光福祉会 啓光学園で
けいこうふくしかい　けいこうがくえん
生活支援員の
せいかつしえんいん
仕事を8年間やって
います。

Q1 働いている障害者支援施設はどのような施設ですか?

A 私が働いている施設は、知的障害のある方が入所する施設です。子どもからご高齢の方までが入所していて、利用者はここから学校へ通ったり、箱の組み立てなど簡単な仕事をしながら過ごす生活の場です。また同じ法人の中には重度の心身障害のある方が日中通う通所施設や、軽度の知的障害のある方が暮らすグループホームなどもあり、障害の度合いなどで利用する施設や利用方法が異なります。

Q2 生活支援員はどのような仕事ですか?

A 利用者が穏やかで楽しく生活できるよう支援する仕事です。利用者と一緒に行動し、食事をする時やお風呂に入る時などの生活上で支援が必要なことがあればお手伝いをします。体調に不安のある方へは見守りをしながら変化がないか気をつけます。言葉を発することのできない方もいるので、困っていることがないか様子を見て、本人の気持ちや体調を感じ取ります。

利用者一人ひとりに声かけしながら食事を配ります。

Q3 障害者支援施設で働こうと思ったきっかけを教えてください。

A 私は、以前はCDショップで世界各地の音楽を紹介する仕事をしていました。その後、ほかの仕事も経験しました。
ある時、特別支援学校の生徒が描いた絵葉書を見る機会があり、それがとてもカッコ良くて感性がすごいと思ったことがこの仕事に就こうと思った最初のきっかけです。啓光学園で働きはじめてから勉強し、「社会福祉士」の国家資格を取りました。

Q4 利用者の「強み、パワー」を感じることはありますか?

A 私は優柔不断で、自動販売機で飲み物を買う時にも、どれを買うかいつも悩んでから買っています。利用者の中には「これを飲む」「これは飲みたくない」といった判断が早くてはっきりしている方もいて、その決断力はすごいと思います。人それぞれ性格や癖、考え方が違うのは障害のあるなしに関わらずみんな同じです。

Q5 仕事をする上で難しいと感じることはありますか?

A 言葉を発することのできない方が、今何を考え、何を望んでいるのかを見極めることです。本人の意図や真意を読み違えて間違った判断をしたり、感じ取ったことが本人の意向と違うことがないように、言葉だけでなく、身振り手振りを交えてコミュニケーションを取るようにしています。ベテランの先輩職員からアドバイスを受け、工夫しながらやっています。

Q6 この仕事に就いてよかったと思うことはありますか?

A 自分のこれまでの経験を活かし、利用者にとって良いと思う取組みなど、自分の考えをすぐに試せる仕事だということです。
また会社勤めの仕事によくあるノルマ達成を急かされるようなことはなく、楽しく仕事ができています。

Q7 中学生やこの冊子を読む方たちにメッセージをお願いします。

A 私は中学生の頃、将来福祉の仕事をするとは思っていませんでした。高校、大学と進み、社会人になった後はいろいろな仕事を経験してから福祉の仕事に就きました。
すでに夢や目標を定めている人がいればそれはとても素晴らしいことです。でも、まだ決めていなくても焦る必要はありません。いろいろな経験をした後でも、福祉の仕事でその経験を活かしてもらえることができると思います。

洗濯物を各部屋に運びます。
こうした生活に関わる作業も、
利用者の生活を支えるための
大切な仕事です。

教えて、先輩！

障害者支援施設
長井 基樹さんの
職場での1日
（早番の場合）

1day

TIME S

タイムカードを押して、今日の勤務は終わりです。1日お疲れ様でした。

早番退勤　16:00

利用者の体調などに変化などがないか、1日の記録をし、職員同士で情報共有します。

日中、利用者にどんなことがあったか、気をつけることなどを、出勤してきた夜勤の職員に引き継ぎます。

報告など 事務作業　15:40〜

洗濯などの家事支援に関わる生活介護　14:00〜

23
22
21
20
19
18
17
16
15
14
13

Good
night

夜勤

昼休み　13:00〜

午後は、生活介護の業務です。
洗濯した利用者の衣類を、各部屋へ運び整理することも大事な仕事です。
このほか、創作活動などのプログラムも行います。

休憩時間には職員それぞれでランチをとります。利用者の対応や支援は、勤務時間中のほかの職員に任せてしっかり休みます。

どんなしごとなのかが良くわかったよ。
なにより、しごとをしている長井さんの姿がとても輝いて見えました。

MEMO

仕事中、職員同士の連絡は無線を使い、利用者に対しきめ細かな対応をします。

いろいろな職員と一緒に働いているんだね。

SCHEDULE

1 2 3 4 5 6 7 8 9 10 11

Zzzz Zzzz

Good morning

日勤

7:00〜　出勤

今日は早番勤務なので7:00に出勤です。

自宅で検温をしてから出勤し、感染症対策のため、手指消毒をして入室します。

8:00〜　学校へ通う利用者の登校支援

9:00〜　朝礼

朝礼で、夜勤明けの職員から、今日の仕事内容の引き継ぎを受けます。

10:30〜　軽作業などの生活介護プログラム

箱の組立てや畑の作業などのさまざまなプログラムに利用者が取り組めるよう一緒に作業し、見守ります。
今日は、季節のイベントとして「餅つき」をして身体を動かします。

昼食介助　12:00〜

利用者への食事の介助もします。

福祉の仕事で活躍する方の
声を聞かせてください

保育士

子どもの気持ち、やりたいことを大切に。自分も子…

Q1 保育士になろうと思ったきっかけを教えてください。

A 私が小学生の頃、歳が10歳離れているおいの、保育園のお迎えを手伝っていました。そこで働く保育士さんの姿がとても輝いて見え「大人になったら絶対この仕事をしたい」と思ったのがきっかけです。

中学生の時には、学校の先生のアドバイスを受けながら自分で進路を調べ、保育系の高校に進学しました。そして保育士の資格が取れる短期大学を目指しました。今思い返しても保育士以外の選択肢は考えていませんでした。

Q2 何才のクラスを担当していますか?

A 3、4、5歳児の幼児クラスを担当しています（インタビュー時点）。私の働く保育園では、縦割り保育を実施しています。異年齢の子どもたちがお互いへの関わり方などを自然と学べるように、同じクラスで過ごしています。0歳児や1歳児、2歳児のクラスを担当する年もあります。

子どもと接する時は、
その子の目線に合わせます。

澤田 広美です。
社会福祉法人 聡香会
きたしば保育園に
10年間勤めています。

Q3 心に残ったエピソードを聞かせてください。

A 保育士になって1年目は、子どもたちへの接し方がわかりませんでした。学校で知識は教わったものの、そこを子どもたちに見抜かれていたと思います。

そこで、30年の経験を持つ先輩保育士の方の子どもへの声かけの仕方や、子どもに対する姿勢を参考にしました。アドバイスを受け、「無理に距離をつめようとせず、子どもが求めてきた時に接していく」という方法を実践しました。すぐには上手くいきませんでしたが「いつかは慣れてくれるだろう」という気持ちを持ち続けて働いていると、自然と子どもたちと接することができるようになりました。

そして子どもたちが少しずつ私のことを受け入れてくれるようになり、私の名前を呼んで「一緒に遊ぼう」と言ってくれるようになったことが一番印象に残っています。

も成長を感じられる魅力があります。

Q4 保護者の方へのサポートで心がけていることはありますか?

A 保護者の方は私よりも年上の方が多いので、言葉遣いには一番気をつけています。保護者の方から、悩みなどを何でも話してもらえる関係や環境をつくるように心がけています。保育の専門知識を活かして保護者の方をサポートしたいです。

Q5 仕事をする上で大切にしていることはありますか?

A やはり子どもの気持ちを一番大事にするということです。これは1年目からずっと先輩にも言われていたことです。私は保育士になって10年目ですが、いつも忘れないように仕事をしています。その上で、子どもは一人ひとり性格も違いますし、その日の気分によって機嫌も変わるので、毎日接しながら顔の表情や体調の変化に注意を払います。また、子どもがやりたいと思うことをやらせてあげながら、やっていいことと、危険なことや命に関わるようなことなどのやってはいけないことの区別をきちんと教えます。

Q6 保育士の仕事の魅力を教えてください。

A 子どもたちを小さい時から見ているので、毎日だんだんと成長を実感できることがとても魅力的だと思います。そこが保育士になってとても良かったと思うところです。
卒園した後も子どもたちが学校の帰りに寄ってくれたり、園児との散歩中に話しかけてくれたりするのはうれしいです。

Q7 中学生やこの冊子を読む方たちにメッセージをお願いします。

A 私は小学校の頃から保育士になりたいという夢を持って今まで過ごしてきました。保育を学ぶ学校は勉強しなければいけないことがとても多く、乗り越えられるかとても心配でした。でも保育士になってから思うことは、勉強を頑張って良かったということです。
冊子を読んでいるみなさんも、ぜひ頑張って、素敵な保育士になっていただけたらとてもうれしいです。

読み聞かせでは、絵本が子どもたちに
見えるように持つ高さにも気を配ります。
子どもたちはお気に入りの絵本にくぎづけです。

保育園
澤田 広美さんの
職場での1日

1day

TIME S

タイムカードを押して
今日の仕事は終わりです。
1日お疲れ様でした。

退勤 **17:30**

保護者が迎えに来られます。
保護者から、家での様子を
聞いたり相談を受けたり、
アドバイスをすることも
あります。

お迎え **16:30〜**

午後あそび **16:00〜**

保護者がお迎えに来るまでは
自由に遊んで過ごします。

23
22
21
20
19
18
17
16
15
14
13

Good
nigh

おむつ替え
午後のおやつ
15:00〜

起きた子から着替えて、
午後のおやつを食べます。
食べ終わったら部屋を片づけ、
連絡事項を保護者へ送信をします。

お昼寝の時間 **12:30〜**

子どもたちが寝ている間、
保護者への連絡事項を
まとめます。
昼休みはこの間交代で
とります。職員会議に
参加することもあります。

0歳児クラスを担当している
澤田さんの職場での1日を
見てみましょう。

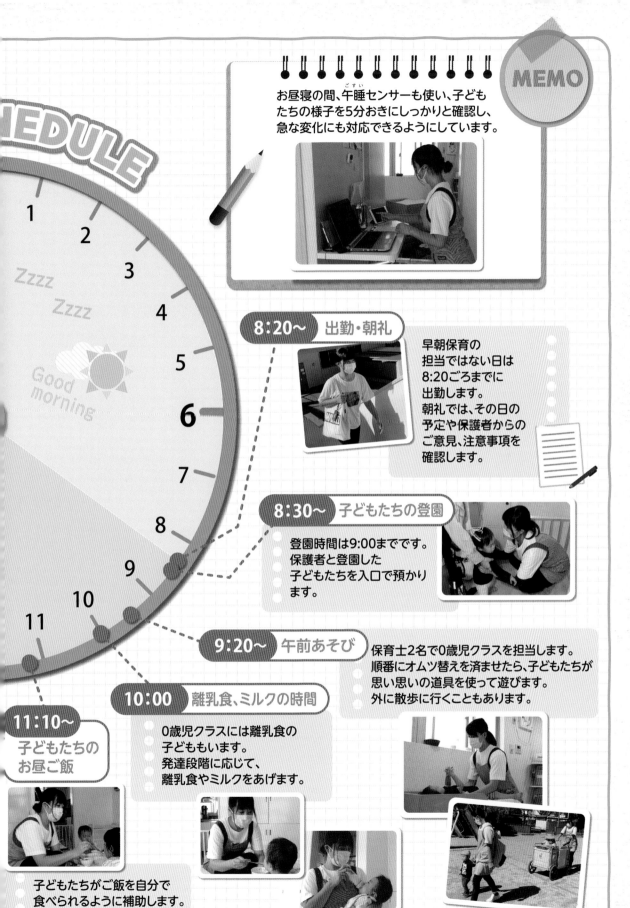

MEMO

お昼寝の間、午睡（ごすい）センサーも使い、子どもたちの様子を5分おきにしっかりと確認し、急な変化にも対応できるようにしています。

SCHEDULE

Zzzz
Zzzz

Good morning

8:20〜　出勤・朝礼

早朝保育の担当ではない日は8:20ごろまでに出勤します。
朝礼では、その日の予定や保護者からのご意見、注意事項を確認します。

8:30〜　子どもたちの登園

登園時間は9:00までです。
保護者と登園した子どもたちを入口で預かります。

9:20〜　午前あそび

保育士2名で0歳児クラスを担当します。
順番にオムツ替えを済ませたら、子どもたちが思い思いの道具を使って遊びます。
外に散歩に行くこともあります。

10:00　離乳食、ミルクの時間

0歳児クラスには離乳食の子どももいます。
発達段階に応じて、離乳食やミルクをあげます。

11:10〜　子どもたちのお昼ご飯

子どもたちがご飯を自分で食べられるように補助します。

福祉の仕事で活躍する方の
声を聞かせてください

社会福祉協議会職員

地域で暮らす方の想いを受け止めて一緒に考える

Q1

A 社会福祉協議会（以下、社協）の仕事を選んだきっかけを教えてください。

子どもの頃は祖父母と同居していました。近所の人がおすそ分けに食べ物を持ってきてくれるなど、住民同士が自然に関わることが当たり前という地域で過ごしていました。私自身、地域に育てられたと思っています。

中学校の職場体験では特別養護老人ホームへ行きました。その経験から、人が生活する場や環境をつくることがまず初めに大事だということを感じました。その後大学で福祉を学び、社協は住民が中心となったまちづくりに関わることができる仕事だと知ったことがきっかけで、この仕事に就きました。

Q2

A 社協ではどんな仕事をしていますか？

社協はみなさんがお住まいの各区市町村にあります。社協では地域の課題解決に取り組み、住民のみなさんが支え合ったりつながることができるきっかけづくりや、地域をより良くしていくための活動を支援しています。

社協のさまざまな事業を通して、住民の方の「何かしたい」という想いに寄り添い、共感し、想いを引き出して、一緒に考えながら進めていくのが役割です。ひとことで言うと「まちづくりのお手伝い」と言えます。

私は今、高齢者の方が行うボランティア活動や、地域の中の活動支援、居場所づくりなどの事業を担当しています。

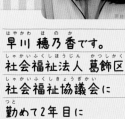

早川 穂乃香です。
社会福祉法人 葛飾区
社会福祉協議会に
勤めて2年目に
なります。

住民の方とボランティア活動について考える講座を開き、参加者の想いや考えを引き出します。

Q3

A 心に残ったエピソードを聞かせてください。

ボランティア活動をしている方から、絵手紙をいただいたことがあります。そこには、「あなたの成長を楽しみにしています」というコメントと一緒に、「いつもありがとう」と書かれていました。自分が関わった住民の方からお手紙をいただいたというのがすごく励みになりうれしかったです。

Q4 仕事をする上で難しいと思うことはありますか?

A 最初に感じた壁は、地域の住民のみなさんとの良い関係の築き方です。住民の方の実現したいことを引き出して、サポートしていく仕事なので、関わり方や接し方が大切であり、そこが難しいところでもあります。

また、就職してわかったことですが、社協の存在が住民の方に知られていないと感じます。住民の方から「社協って何?」と聞かれることも多く、社協の役割をみなさんに伝える難しさということも感じています。

Q5 仕事をする上で大切にしていることはありますか?

A 関わる住民がどんな方であってもひとりの人として対応し、その方の想いをしっかり受け止めること、そして常に学ぶ姿勢を持つことを大切にしています。

「福祉」というと、「助けてあげる」という上から目線のようなイメージを時に持たれます。ですが、そうならないように職員としていつも気をつけています。生活する上で困っている方だけでなく、困りごとに気づいていない方に対しても、その方の想いを受け止めて一緒に考えていけるような存在になれたらと思っています。まず否定はせずにその方の話を聞き、十分に理解した上で、その方の立場も尊重した上で、解決に向けて考えるよう心がけています。そして、関わる住民の多くは人生の先輩方なので、常にその先輩方から学ぶ気持ちを忘れずにいます。

Q6 仕事の魅力はなんですか?

A 住民の方の想いに寄り添い、「やりたいこと」が実現でき、その方の生活が充実していくことのお手伝いをできることがこの仕事の魅力だと思います。

Q7 中学生やこの冊子を読む方たちにメッセージをお願いします。

A 福祉の仕事は大変というイメージを持つ方もいるかと思います。私もそう思うこともあります。でも、それ以上に楽しいことやうれしいこと、新しい発見もあります。自分自身が成長できる仕事でもあります。

社協の仕事は、人と関わることが好きだったり、誰かの役に立ちたいという想いを持っている人に向いている仕事です。

職場体験などで社協に来る機会があったら、社協の仕事の良いところをたくさん見つけていただけたらうれしいです。そして、未来の自分にはどんなことができるのかをぜひ考えてみてください。

将来、みなさんと一緒に、福祉のお仕事ができる時が来たらすごくうれしいですね。

教えて、先輩！

社会福祉協議会 早川 穂乃香さんの 職場での1日

1day

TIME SC

23
22
21
20
19
18
17
16
15
14
13

Good night

タイムカードを押して、今日の勤務は終了です。お疲れ様でした。

退勤 **17:15**

ほかの職員と打ち合わせをしたり、地域の方からの相談や電話対応などの仕事もあります。

資料の作成や整理 **15:30〜**

職場に戻り、サロンで撮影した写真の整理をし、報告書や資料の作成をします。

サロン活動のサポート **13:15〜**

担当地区で開かれるサロンの活動日には、地域の方の活動の様子を見に行き、必要に応じて相談にのるなどサポートします。

このほかにも、地域の方向けのイベントの準備など、さまざまな仕事があります。

高校生だけに限らず、さまざまな場で、
小・中学生や大人の方への「福祉教育」の
ワークショップなどをすることもあります。

1
2
3
4
5
6
7
8
9
10
11

Zzzz
Zzzz

Good
morning

～8:30　出勤

8:30ごろまでに
出勤します。

1日の仕事の確認やメールでの
連絡などから仕事が始まります。
今日は地域の高校で授業を行う
ので、出発までに事務仕事を済ま
せます。

10:00～　高校での福祉の授業のため移動

区内は広いので、車で
移動します。

10:30～　「福祉総合基礎」の授業
ふくしそうごうきそ

昼休み　12:00

職場に戻ったら、ランチの
時間です。
私は自分の席でお弁当を
食べることが多いです。

地域の課題を解決するための
アイディアをみんなで出し合い、
自分たちの住む地域のことを
考えてもらうきっかけを
つくります。

福祉の仕事で活躍する方の声を聞かせてください

高齢者の方が、楽しい時も落ち込んでいる時も、いつも

高齢者デイサービスの
介護職員

瀧本 唯です。
社会福祉法人三交会
青葉台さくら苑で
デイサービスの介護職員
として勤めて7年目に
なります。

Q1 どのような仕事をしていますか?

A 自宅で生活している高齢者の方が、日中の時間を過ごす場所がデイサービス(通所介護)です。私は介護職員として働いています。利用者の方へ、入浴や排せつ、食事の介助、レクリエーションなどのサービスを提供します。大半の方は、1人での移動が難しいため、朝はご自宅まで車で迎えに行き、帰りも車でお送りします。さくら苑の定員は1日あたり25名で、さまざまな高齢者の方が利用しています。自分で歩いたり、食事ができる方もいれば、多くのことで介助が必要な方、認知症の方もいます。心身の状況は一人ひとり違いますが、何らかの介護が必要な方々です。

Q2 この仕事に就こうと思ったきっかけを教えてください。

A 一人暮らしの祖母が骨折で入院をした時に、介護サービスの相談をしたケアマネジャーさんから「あなたには高齢者に関わる仕事が合っているかもしれない」と言われたのがきっかけです。アルバイトをしながら、介護福祉士実務者研修を半年間受講し、介護について勉強をしました。修了後にさくら苑に就職しました。

Q3 やりがいを感じる時はどんな時ですか?

A この仕事は、高齢者の方ととても近い距離で接することができます。職員が考えたレクリエーションを通して、楽しい時は一緒に笑ったり、少し落ち込んでいる時はそっと寄り添うことができます。この距離感はほかの仕事で味わえないものだと思いますし、そこにやりがいを感じます。

レクリエーション
では利用者さんと
一緒に楽しみます。

Q4 大変なことや難しいと思うこともありますか?

A 体が大きい男性の介助は大変な時があります。年齢を重ねても筋肉質な方もいらっしゃるので、そのような方を支えたり抱えたりする時は、2、3人の職員で行います。1人が抱えて、もう1人が椅子を入れ替え、3人目が補助で支えるというような分担をしています。

Q5 心に残ったエピソードや嬉しかったことを聞かせてください。

A この仕事に就く前は、専門学校でフルートを勉強していました。現在、さくら苑のレクリエーションで毎月演奏会をさせてもらっています。高齢者の方に喜んでいただけるのは、私自身が今までやってきたことは一つも無駄ではなかった、と思える瞬間です。

また、さくら苑ではおやつを手づくりしています。私がつくった時に、利用者さんから「瀧本さんがつくってくれたからおいしい」と言っていただけたことがありました。その時は、信頼関係ができているのを実感でき、うれしかったです。

Q6 仕事をする上で大切にしていることはなんですか?

A 相手に寄り添い、気持ちをきちんと聞くことは、この仕事を始めた時から大切にしています。介護の現場は忙しいこともあります。ですが、一息おいて、「必ず1人1回は声をかけよう」「少し顔色が悪いように見える人には、家で何かあったのか聞いてみよう」など、ちょっとしたことや少しの変化に気づけるように心がけています。声をかけるだけでなく、少し手を添えたり、握手をしたりしながら、さくら苑が安心できる場所と感じていただけるようにしています。

Q7 この仕事の魅力を教えてください。

A 高齢者の方と密接な関係を持てるのは、介護の仕事にしかないことだと思っています。現在さくら苑を利用している方の多くは、80〜90歳の方です。中には、戦争を経験され、とても大変な時期を過ごされた方もいらっしゃいます。常に、尊敬の気持ちを込めて関わっています。そういった高齢者の方とお話をし、信頼関係を築けた上で、日々の生活を支えられるのは、とても素敵なことだと思います。

Q8 中学生やこの冊子を読む方たちにメッセージをお願いします。

A 介護職は、"忙しい""大変""給料が低い"などのマイナスイメージのある仕事かと思いますが、実際には高齢者の方と日々楽しく過ごしています。もちろん、悩むこともありますが、それ以上に充実した時間が過ごせる仕事だと思います。若い方にもぜひチャレンジしてほしいと思います。

歩行が不安な利用者さんは転倒に気をつけながら、手引き歩行で歩行介助を行います。

23

高齢者デイサービス
瀧本 唯さんの
職場での1日

1day

TIME S

23
22
21
20
19
18
17
16
15
14
13

Good night

退勤時間を記入して
今日の勤務は終了です。
お疲れ様でした。

退勤 **17:30**

利用者さんが全員帰られ
たら1日の記録や報告を
まとめます。その後
ミーティングを行います。

事務作業・終礼 **16:30頃～**

帰る時間になった利用者さんを
自宅まで送ります。

利用者さんの送迎 **15:00～**

高齢者の方が
元気に過ごすことを
サポートする
大切な仕事だね。

午後の活動 **13:30～**

日々、いろいろなレクリ
エーション活動をします。
今日はカラオケ大会なので
司会で盛り上げます。

昼休み **12:30頃～**

今日のおやつはスタッフが
手づくりしたお好み焼きです。
利用者さんにできる作業は
手伝ってもらいます。この時間
で連絡帳の記入も行います。

交代で昼休みを
とります。

24

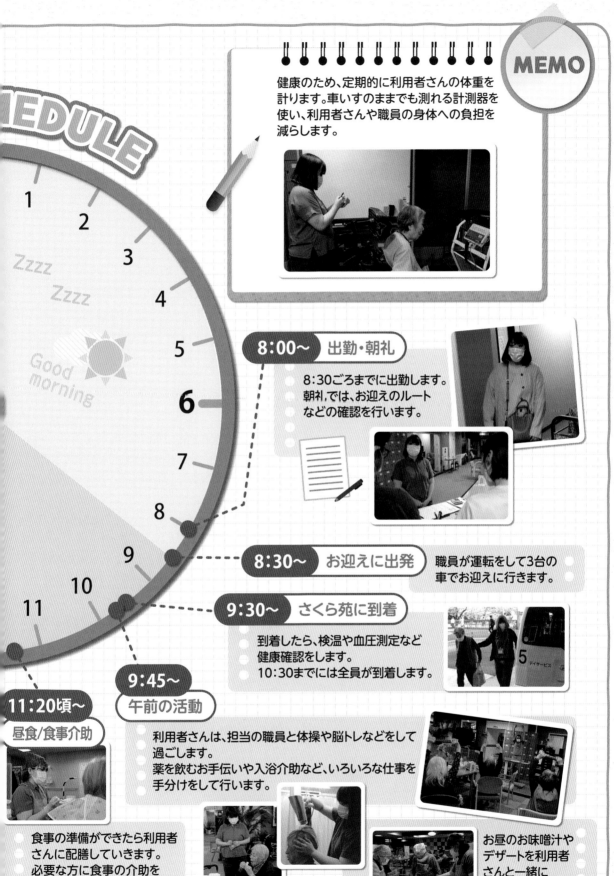

MEMO

健康のため、定期的に利用者さんの体重を計ります。車いすのままでも測れる計測器を使い、利用者さんや職員の身体への負担を減らします。

SCHEDULE

Zzzz
Zzzz

Good morning

1
2
3
4
5
6
7
8
9
10
11

8:00〜　出勤・朝礼

8:30ごろまでに出勤します。朝礼では、お迎えのルートなどの確認を行います。

8:30〜　お迎えに出発

職員が運転をして3台の車でお迎えに行きます。

9:30〜　さくら苑に到着

到着したら、検温や血圧測定など健康確認をします。
10:30までには全員が到着します。

9:45〜　午前の活動

利用者さんは、担当の職員と体操や脳トレなどをして過ごします。
薬を飲むお手伝いや入浴介助など、いろいろな仕事を手分けをして行います。

11:20頃〜　昼食/食事介助

食事の準備ができたら利用者さんに配膳していきます。必要な方に食事の介助をします。

お昼のお味噌汁やデザートを利用者さんと一緒につくっています。

スペシャルインタビュー

福祉の仕事で活躍する方の声を聞かせてください

ふかざわ　けんじ
深沢 健二です。
しゃかいふくしほうじんまさゆめ　かい
社会福祉法人正夢の会
にゅうしゃ
に入社して7年目です。

今はコラボ いなぎ いなぎ
しょうがいしゃ
ワークセンターで障害者の
しゅうろうしえんいん
就労支援員をしています。

Q1　働いているのはどのようなところですか?

A　障害のある方が通われて、お菓子づくりやお弁当づくり、清掃、地域にある喫茶店での接客などの仕事をする事業所です。4つの班に分かれて作業をしています。利用者の方は、自閉症の方や身体に障害がある方など、さまざまです。利用者さんの希望を聞き、それぞれに合った仕事をしてもらっています。

Q2　どのような仕事をしていますか?

A　支援スタッフとして、利用者さんと一緒に作業をし、サポートをしています。ほかにも、周りのスタッフと相談しながら、利用者さんがより働きやすいように環境を整えます。困りごとがあれば、話を聞くなどもしています。

Q3　この仕事に就こうと思ったきっかけを教えてください。

A　大学では経済学部に通っていました。大学に入ってから「自分は将来何がしたいのだろう?」と考えるようになり、大学を中退し、その時に興味のあった保育を学べる専門学校に進むことにしました。
その専門学校での実習で、今働いている法人の障害者の入所施設に行きました。そこでは、職員の方も利用者さんも本当に楽しそうに過ごされていて、こういう職場で働きたいと思いました。障害者施設が自分に合うと感じ、今の職場に就職しました。

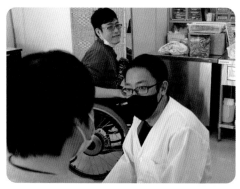

休憩時間の時など、時間があれば利用者さんとコミュニケーションをとるようにし、楽しい職場環境をつくるように心がけています。

Q4 仕事でやりがいを感じる時や楽しいと感じる時はどんな時ですか?

A 自分が考えた支援方法が、利用者さんに合った時などは、この仕事をやっていて良かったなと思います。支援については、ほかのスタッフに相談したり、毎月の会議でいろいろな意見を聞いたりして、「こうしよう」と決めていきます。周りの意見はとても大事だと思います。
お話が上手な方が多くいらっしゃって、笑い合いながらお話をしたり、笑わせてくれたりするので、利用者さんと話をしている時は楽しいです。

Q5 大変なことや難しいと思うことはありますか?

A 利用者さんによって関わり方が違ってきます。一人ひとりとどのように関わり、関係をつくっていくかは難しいところだと思います。
難しいこともありますが、楽しく仕事をすることは忘れないようにしています。

Q6 嬉しかったエピソードを聞かせてください。

A ある利用者さんが、お給料で親御さんに初めてお寿司をごちそうしてあげたことがあり、親御さんから「スタッフさんのおかげです」と感謝されました。その時は、この仕事をやってきて、良かったと思いました。

Q7 仕事をする上で大切にしていることはなんですか?

A 楽しんで仕事をするようにしています。誰でも、一緒にいる人が不機嫌だと気を使うと思います。同じ空間にいる利用者さんが、そのように感じることがないよう、楽しく仕事をすることを心がけています。自分が楽しく仕事をすることで、利用者さんに「仕事の楽しさ」を伝えられるのではないかと思っています。

Q8 中学生やこの冊子を読む方たちにメッセージをお願いします。

A 最初私もそうだったように、福祉の仕事のイメージは肉体的にも精神的にもつらいイメージがあると思います。たしかに大変なことや忙しいこともありますが、仕事は楽しいことの方が多いです。少しでも福祉に興味があれば、ぜひいつでも見学に来てほしいです。

利用者さんはてきぱきと
お菓子をつくっていきます。
時にはフォローに入り、
一緒につくることもあります。

教えて、先輩！

就労継続支援事業所
深沢 健二さんの
職場での1日

1day

TIME SC

23
22
21
20
19
18
17
16
15
14
13

Good
nig

退勤時間を記録して
今日の勤務は終了です。
お疲れ様でした。

退勤 **17:30**

各班から1日の報告を
してもらい、職員全員で
情報の共有をします。

終礼 **17:00**

利用者さん一人ひとりに
合わせて、翌日の作業を決めます。
作業への意欲を保ちながら
本人の負担にならないよう、
工夫しています。

翌日のシフト作成 **15:30〜**

朝と同じように利用者
さんを自宅まで送ります。

利用者さんの送迎 **15:00〜**

掃除 **14:30**

利用者さんの仕事が終わり
ました。掃除を済ませたら
帰り支度を見守ります。

製菓作業 **13:00〜**

12:00〜
昼休み

利用者さんと
楽しく過ごす
深沢さん、
素敵だなぁ。

利用者さんは、
分担して、焼き菓子の
袋詰めや包装に使う
材料の準備をします。
利用者さんの様子を
見ながら、注文の
電話対応や連絡帳の
記入をします。

お昼は休憩スペースで利用者さん
と一緒に食べます。コミュニケー
ションがとれる楽しい時間です。

主に近くの施設や児童館などから焼き菓子の注文が入ります。その注文に応じて、納品に間に合うよう計画を立て、利用者さんと一緒に手づくりしています。

1
2
3
4

Zzzz

Zzzz

Good morning

5

6

7

8

9

10

11

8:30　出勤

社員証で出勤時間を記録して1日の仕事は始まります。

利用者さんのお迎えの時間まで、事務仕事をします。

9:30〜　お迎えに出発

送迎が必要な利用者さんを車で迎えに行きます。

〜10:00　利用者さんが出勤

自分で通ってくる利用者さんも10時までには出勤します。

10:20　朝礼

10:30〜
製菓作業

今日は焼き菓子などをつくる製菓班の作業です。作業内容の確認やあいさつの練習、爪などの身だしなみのチェックを行います。

お菓子づくりの役割を分担し、それぞれ作業を進めます。
一人ひとりの様子を見ながら作業が進むように声をかけたりします。

　みなさんの職場での
1日動画は、こちらの特設
サイトでも見られます。

先輩たちの福祉との出会いと仕事に就くまでのあゆみ

先輩たちの福祉との出会いや、今の仕事に就いたきっかけを振り返ってみましょう。子どものころからの夢を実現した人や、いろいろな経験や出会いで、福祉の仕事に就いた人もいます。

特別養護老人ホームの生活相談員（とくべつようごろうじん せいかつそうだんいん）

 出会いのポイント！

杉田 紀和子（すぎた きわこ）さん

中学校	高校	大学	就職～現在

- 保育士になりたい
- 保育園・特別養護老人ホームで職場体験
- 社会福祉の大学へ進学のため勉強
- 児童福祉を選ぶ
- ホームヘルパー2級の資格を取得
- ゼミの先生の言葉から高齢者支援の道へ
- 介護の分野に進もう
- 社会福祉士の資格を取得
- 久我山園で実習を行い、アルバイトも経験
- 久我山園に就職
- 介護福祉士の資格を取得

障害者支援施設の生活支援員（しょうがいしゃしえんしせつ せいかつしえんいん）

出会いのポイント！

長井 基樹（ながい もとき）さん

中学校～高校～大学	就職	現在

- ラテン音楽にはまり、多様な文化に興味を持つ
- CDショップに就職 世界各地の音楽を紹介
- 地域の販売会で特別支援学校の生徒が描いた絵ハガキに感動
- 生活雑貨販売の仕事に転職
- 障害者と関わる仕事がしたい
- 友人から知的障害者のグループホームへ誘い
- ヘルパー講習を受講
- 啓光学園に就職
- 社会福祉士の資格を取得

保育士（ほいくし）

出会いのポイント！

澤田 広美（さわだ ひろみ）さん

中学校	高校	短期大学	就職～現在

- 甥の迎えに行った保育園で保育士の姿に憧れ
- 保育士になりたい
- 進学先を先生に聞いたり、自分で調べる
- 保育士の資格を取得
- きたしば保育園に就職

先輩たちはいろいろなきっかけやタイミングで福祉と出会っているんだね。みなさんがどんな道を進みたいか、次のページで考えてみよう。

社会福祉協議会職員

早川 穂乃香さん

出会いのポイント!

中学校	高校	大学	就職	現在

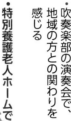

- 特別養護老人ホームで職場体験
- 吹奏楽部の演奏会で、地域の方との関わりを感じる
- 社会福祉を学びたい
- 社会福祉協議会のことを知る
- 社会福祉を学ぶ
- 社会福祉士の資格を取得
- 一般企業に就職する
- 「まちづくりの仕事がしたい」と葛飾区社会福祉協議会に転職

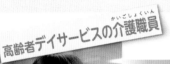
高齢者デイサービスの介護職員

瀧本 唯さん

出会いのポイント!

中学校～高校	専門学校	就職	就職 〜 現在

- 音楽家の夢のためフルートを勉強
- 祖母の入院時、ケアマネジャーから「この仕事に向いてる」と言われた
- 高齢者と関わる仕事がしたい
- ハローワークの介護福祉士実務者研修を半年間受講
- 介護福祉士の資格を取得
- 青葉台さくら苑に就職

就労継続支援事業所の就労支援員

深沢 健二さん

出会いのポイント!

中学校～高校	大学	就労	専門学校（通信）	就職 〜 現在

- 経済部に進学するも将来に疑問が湧く
- 興味のあった保育専門学校へ入学
- 障害者と関わる仕事がしたい
- 保育園と障害者支援施設で実習、自分に合ってると感じる
- 実習先だった社会福祉法人正夢の会に就職

どうやって学んで、どんな仕事に就こう?

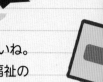

福祉をもっと勉強して仕事にしたいと思ったら、どんな道を進むか考えてみてくださいね。学校で福祉を学んで福祉の仕事に就く人が多いですが、ほかの仕事をしてから、福祉の仕事に就く人も増えています。仕事の領域は多様で、ここに載っていない資格やたくさんの職種があります。福祉施設などの種類もさまざまです。

専門教科として「福祉」を学べる福祉系の高校もあるよ。

福祉系

短期大学

中学校　　高等学校

大学

専門学校

就きたいしごとや働きたい業種に必要な資格の取得につながる専攻も選べるよ。

各種資格

例えば ●社会福祉士 ●介護福祉士
●精神保健福祉士 ●保育士
●理学療法士 ●作業療法士
●看護師 ●管理栄養士
など…

いろいろな経験をしてから、福祉のしごとに就くこともできるよ。

行政

企業

ボランティア団体など

社会福祉協議会

地域福祉
・住民同士や団体がつながり、支え合う地域づくりのサポート

障害者福祉施設・事業所

高齢者福祉施設・事業所

くらしを支える福祉の仕事のイメージ図

障害者福祉
・日常生活や社会参加（余暇・就労）へのサポート
・本人や家族の意思決定を支える相談　など

高齢者福祉
・食事やトイレなどの日常生活や、リハビリのサポート
・日常の困りごとなどの相談　など

子育て支援施設や児童養護施設など

保育所

児童福祉
・子どもの健全な成長を支えるサポート
・子どもたちや家庭が抱えるさまざまな生活上の困難を解決や支援　など

病院

福祉のしごとの範囲はとても広く、いろいろな形での関わり方があるね。興味や関心のある分野、やりたいことを「働く」イメージに合わせて調べてみてね。

教育機関

もう少し詳しく知りたい人は、ここから調べてみてください。

みなさんにも今からできることがあるよ

Check!

みなさんが福祉の仕事に就くのがもう少し先だとしても、今からでもできることはいろいろあります。
まず、自分の得意なことや好きなこと、興味のあることから始めて「福祉」について考えてみましょう。

福祉施設

レクリエーションの手伝い、
利用者さんとの交流

地域

町会・自治会、子ども会、
地域のおまつりなどに参加

環境・自然

ゴミ拾い、地区清掃活動に参加

インターネットや
街なかの掲示板、
公共施設にあるパンフレット、
フリーペーパーなどを
探すと、いろいろと
見つかるね!

寄付・募金

共同募金や日本赤十字社、
福祉活動をしている団体などへ募金

国際理解・協力

地域に住む外国の方との交流